# 고마워,
# 하루야

초록빛깔 **박지숙** 시집
# 고마워, 하루야

**초판 1쇄 인쇄**　2025년 10월 02일
**초판 1쇄 발행**　2025년 10월 22일

**신고번호**　제313-2010-376호
**등록번호**　105-91-58839

**지은이**　박지숙

**발행처**　보민출판사
**발행인**　김국환
**기획**　김선희
**편집**　현경보
**디자인**　김민정

**ISBN**　979-11-6957-387-0　　03810

**주소**　경기도 파주시 해올로 11, 우미린더퍼스트@ 상가 2동 109호
**전화**　070-8615-7449
**사이트**　www.bominbook.com

- 가격은 뒤표지에 있으며, 파본은 구입하신 서점에서 교환해드립니다.
- 이 책은 저작권법에 의하여 보호를 받는 저작물이므로 무단 전재와 복사를 금합니다.
- 이 책은 순천시 도서관운영과 〈2025년 시민원고 출판비 지원사업〉으로 제작하였습니다.

초록빛깔 **박지숙** 시집

# 고마워,
# 하루야

어쩌면 지나가는 순간순간이
그저, 부드러운 온도이길 바랐는지도

## 추천사

    박지숙 시인의 시집 《고마워, 하루야》는 일상의 가장 소박한 순간들을 빛으로 물들이는 마음의 노래다. 이 책을 펼치면 가족과 사람, 그리고 변치 않는 사랑을 향한 고백이 다정하게 배어 있다. 화려한 수사를 부리지 않고, 대신 일상 속 사소한 장면을 따뜻하게 건져 올려 독자에게 내어주는 시인의 손길은 마치 오래 간직한 손수건처럼 친근하고 따뜻하다.

    시집의 첫머리를 장식하는 〈곧〉에서 우리는 매화를 덮어주고 싶은 마음을 만난다. "뜻밖의 꽃샘추위에 떨고 있을 너를 생각해 / 담요라도 덮어주고 싶어"라는 구절은 자연을 바라보는 섬세한 마음과, 동시에 곁의 사람을 보듬는 시인의 시선을 드러낸다. 작은 꽃 한 송이를 향한 배려가 곧 누군가의 삶을 향한 사랑으로 확장되는 순간이다. 〈고마워, 하루야〉에서 시인은 하루가 우리에게 선물처럼 주어진다는 사실을 새삼 깨닫게 한다. "나에게 온 이 하루를 / 고마워할 수 있다면 / 오늘도, 고마워 하루야"라는 구절은 바쁜 일상에 잊혀가는 감사의 마음을 되살려낸다. 짧고 평범한 문장 속에서도 삶을 긍정하는 힘이 전해진다.

이 시집은 무엇보다 가족과 사람을 향한 깊은 애정으로 가득하다. 〈기도의 결실〉에서 건강히 자라난 아들의 모습을 "그 기도, 이렇게 결실이 되었다"라 노래하는 구절은 부모로서의 간절한 사랑을 고스란히 드러낸다. 또한 〈엄마와 낱말카드〉에서는 늦은 나이에 처음 한글을 배우는 어머니의 모습을 통해, 세월을 넘어 이어지는 가족의 따뜻한 유대와 위로를 담아낸다.

세 번째 부에 실린 〈눈물이 물든 자리〉와 〈위로의 말〉에서는 삶의 고단함을 지나온 세월 속에서 오히려 감사와 위안을 찾아내는 시인의 힘을 느낄 수 있다. 기도의 눈물이 "결코 헛되지 않으리라" 믿는 고백은 종교적 신념을 넘어 인간이 견뎌온 삶의 시간들을 지탱하는 믿음으로 다가온다.

마지막 부 〈달팽이에게 띄우는 편지〉는 시집 전체를 관통하는 따뜻한 메시지를 집약한다. "그동안 살아내느라 / 정말 애썼어 / 이제 지친 너의 마음을 촉촉하게 지켜줄 이슬이 되어줄게"라는 고백은 곧 시인이 독자에게 전하고 싶은 마음일 것이다. 우리가 각자의 자리에서 하루를 버티며 살아낸 시간들을, 이 시집은 다정하게 어루만지고 감사로 환히 밝힌다.

이 책 《고마워, 하루야》는 화려한 장식이 아닌 소소한 삶의 온기 속에서 피어난 시편들을 담고 있다. 시인의 언어는 유난히 부드럽고 따뜻하여, 읽는 이로 하여금 잊고 있던 사랑과 감사의 감정을 다시금 떠올리게 한다. 가족의 대화, 아이의 웃음, 계절의 바람, 작은 과일 하나까지도 모두 삶을 지탱하는 사랑의 증거임을 알려준다. 그래서인지 이 책을 읽는 독자 또한 어느 순간 자기 안에 쌓여 있던 얼룩 같은 피로가 조금씩 닦여 나가고, 마음에 맑은 숨결이 차오름을 느끼게 될 것이다. 그것이 바로 시인이 건네는 하루의 선물이다.

2025년 9월
시인 **박지숙**

## 시인의 말

아주 느릿느릿
꿈을 향해 걸었던 나는
느림보 거북입니다.

토끼와 맞추기 힘든 발걸음과 속도도
그냥 내 속도로, 앞만 보며 걸었습니다.

육지든 바다든
경쟁이 끊이지 않는 삶 속에서
나는 내 리듬을 지키며 걷습니다.

그렇게 천천히 걸어가다 보면

느림보의 삶은

느림보의 시가 되고

시가 다시 삶이 됩니다.

언젠가

내 고유의 가치를 발견하는 날이 올 것이라 믿습니다.

이 시집 속 시들이

독자 여러분의 느린 걸음에도

작은 위로와 숨결이 되기를 바랍니다.

2025년 9월

시인 **박지숙**

## 목차

추천사      4
시인의 말      8

### 제1부 _____ 비워낸 자리마다

| | |
|---|---|
| 곧 | 16 |
| 봄날의 노숙자 | 18 |
| 단비 | 20 |
| 침묵 속 온기 | 22 |
| 고마워, 하루야 | 24 |
| 목마른 꿈 | 26 |
| 귤사랑 | 28 |
| 피노키오에게 | 31 |
| 속삭임 | 34 |
| 어린아이의 기도 | 36 |
| 나만의 너 | 39 |
| 이끌림 | 41 |
| 비워낸 자리마다 | 42 |
| 꽃물 | 45 |
| 내겐 아주 큰 별 | 48 |

| | |
|---|---|
| 손에 담은 웃음 | 50 |
| 매일, 너라는 날씨 | 52 |
| 머물지 않는 삶 | 54 |

## 제2부 _____ 아스팔트 위의 새벽

| | |
|---|---|
| 클래식 반찬 | 58 |
| 도서관 나들이 | 60 |
| 꽃잎 위의 상처 | 62 |
| 말로 이기는 중 | 64 |
| 아스팔트 위의 새벽 | 67 |
| 명품 | 70 |
| 고귀한 시간 낭비 | 72 |
| 휴가 | 73 |
| 회전 접시 위의 삶 | 76 |
| 칼국수 한 그릇 | 79 |
| 짝사랑 | 82 |
| 기도의 결실 | 85 |
| 거리두기 | 88 |
| 오래전부터 | 91 |
| 말벌 소동 | 94 |
| 엄마와 낱말카드 | 96 |
| 진짜 일기 | 99 |
| 나만의 향기 | 101 |

## 제3부 _____ 눈물이 물든 자리

| | |
|---|---|
| 축복의 날 | 104 |
| 흐린 눈으로 보는 세상 | 106 |
| 전시회 | 107 |
| 맵고 달콤한 기억 | 108 |
| 동아의 선물 | 110 |
| 현실 남매 | 112 |
| 우리만의 비밀 | 114 |
| 지구가 아픈 이유 | 116 |
| 네가 들려주는 오늘 | 118 |
| 눈물이 물든 자리 | 120 |
| 씨름 | 122 |
| 위로의 말 | 125 |
| 같은 자리, 다른 세상 | 127 |
| 삶의 여유 | 130 |
| 모든 날이 | 132 |
| 너를 담는 길 | 134 |
| 달이 차오를 때 | 136 |
| 평화의 아침 | 138 |

## 제4부 _____ 달팽이에게 띄우는 편지

| | |
|---|---|
| 그대의 마음 | 142 |
| 가을, 시린 추억 | 144 |
| 끝없는 봄 | 146 |

| | |
|---|---|
| 눈 내린 날의 선물 | 149 |
| 달팽이에게 띄우는 편지 | 151 |
| 골뱅이 | 154 |
| 귀한 선물의 주인 | 156 |
| 들키지 않은 비밀번호 | 158 |
| 한밤의 SOS | 159 |
| 무화과의 시간 | 161 |
| 눈물캠프 | 163 |
| 너 없이는 | 165 |
| 내 안의 숨결 | 166 |
| 내 몸에 여름을 들이다 | 167 |
| 터걱거리는 하루 | 168 |
| 쉿, 나만 아는 길 | 170 |
| 기발한 재주꾼 | 173 |
| 얼룩 | 175 |
| 하늘을 봐 | 177 |
| 구름 바다 위에서 | 179 |

## 제1부
# 비워낸 자리마다

그날그날 누군가를 통해
조용히 채워지는 하루에 감사한다

# 곧

봄이라 확신하고
나온 매화,
그 설렘 얼마나 갔을까

화려한 드레스 입고
살랑이는 봄바람 따라
나선 한 송이 매화

너의 찬란한 봄옷에
시선 머물고
미소 지을 때면

뜻밖의 꽃샘추위에
떨고 있을 너를 생각해
담요라도 덮어주고 싶어

발끝 들고
두 손 모아
호호 불어 지키고 싶어

조금만,
정말 조금만 더
견뎌줄래

곧 햇살이
바람과 손잡고

봄노래 부를 때까지

네가 피워내는
그 용기
주변 꽃봉우리들에
희망이 될 테니

## 봄날의 노숙자

신발장 깊은 어둠 속
겨울을 견디던 너를 꺼냈다
봄이야, 함께 나가자

발목이 고운 너를 신고
봄바람 손을 잡고 걷는다
살짝 들린 발끝,
따뜻한 공기를 밟으며

그 순간
샘 난 꽃샘바람이
어깨를 스치고 지나간 뒤
너는 조용히 멈춰섰다

뒤돌아보니
길 위에 놓인 두 개의 밑창

내 발걸음을 더는
따라올 수 없었던 너

벚꽃잎과 흙먼지가 묻은 채
봄 햇살에도 붙지 않는 너를
그 자리에서 바라본다

내일, 구두 병원에 가자
그때까지
나는,
봄날의 노숙자

## 단비

목 타던 대지 위에
흡족히 내린 단비,
얼마나 달디달았을까

살 것 같다고
살 것 같다고

기쁨이
몸을 타고 흐르네

그들이 웃으며 흔드는
몸짓 하나하나가
우리가 느끼는
선선함이 되고

우리도 모르게
미소 짓는 건

그들과 마음이
닿았기 때문이겠죠

## 침묵 속 온기

도저히 움직일 수 없을 때
새해의 찬란함이 비로소 눈에 들어오고

아무것도 할 수 없을 때
가슴 깊숙이 태양이 스며든다

모두가 흩어져 방황할 때
내 안엔 조용한 온기가 맴돌고

온전히 혼자일 때라야
지구 끝 어딘가 누군가를
마중 나갈 수 있게 된다

가만히 눈을 감고
너와 나 사이를 가로막던
무언가를 비워냈더니

널뛰던 마음에도

긴 침묵 끝에

평화가 찾아오고 있었다

## 고마워, 하루야

도서관 울타리 옆
작은 개울이 흐른다

산책길 블럭들은
흙탕물을 머금은 채

겉으로 봐선
아무도 모른다
그 블럭을 밟아 보기 전엔

아무리 조심해도
흙탕물은 튄다
그건, 복불복이니까

그 튄 물이
누군가에겐 '망한 하루',
누군가에겐 웃으며 넘기는

'또 속았네'일 수도 있다

하루는 매번 다르지만
매번 행복할 수 있다

나에게 온 이 하루를
고마워할 수 있다면

오늘도,
고마워
하루야

## 목마른 꿈

목이 바짝바짝 탄다
물이 있는데
담을 그릇이 없을 때처럼

세상은 평온한데
나만 속이 타들어간다

겉은 고요해도
속은 텅 빈 날
나는 길을 찾아 나선다
막막할수록 길은 선명해지니까

결핍은 갈망을 낳고
갈망은 희망을 부른다

갈급함은
희망과 꿈을 잇는 다리

그 다리를 건너기 위해

오늘도 나는

갈급함보다

간절함으로 꿈을 그린다

## 귤사랑

늘 푸르던 나무가
주렁주렁 귤들의 수다에
탈모라도 온 걸까

말 많은 아이들에겐
꼭 다툼이 있기 마련
농장주인은 수다를 멈추려
톡톡 솎아 바구니에 쏙

투덜투덜
서로의 사연 품고
상자 가득 담긴 귤

앉은 자리에서 한 박스
냘름 다 먹을 것 같아
상자를 품에 안는다

설익은 귤
조금만 더 기다려 먹으라고
한꺼번에 많이 먹으면
배탈 난다며

싫어, 싫어
손이 노래지도록 다 먹을 거야
혼자 다 먹을까 하다
떠오르는 가족들 생각

껍질 벗겨 접시 가득
입 속에 쏙쏙 넣어주는
사랑 가득 나눔의 기쁨

귤 앞에서 이럴 리 없는데
남다른 귤 사랑, 먹보인 내가

다 같이

어서어서

맛있게 먹자고


사실은 맛이 별로야


아무도 모르는

내 속마음

## 피노키오에게

나무가 상하지 않게
퉁퉁탕탕 나무 망치로

너를 처음 만들었을 때
일어서지도 앉지도 못했지

팔다리에 묶인 줄에 의지해
흐느적흐느적 겨우 걷던 네가

어느 날 줄을 끊고
방안을 이리저리 뛰더니

문을 박차고
세상 속으로 달려 나갔어

온통 호기심으로 가득한 세상,
그 안에 네가 던져지던 날

놀다 사라진 너를 기다리며
심장이 내려앉기도 했단다

세상에서는 원치 않는
인형극의 주인공이 될 때도 있고
거짓말로 인해
피노키오처럼 코가 길어질 때도 있겠지

그래도 괜찮아
넌 완벽하게 만들어진 존재가 아니니까

느린 세상을 살아야 할 때도 있어
아주 느리게, 천천히

같은 하루라도
기쁨이 흘러넘치는
매일 다른 날들을 만나게 될 거야

마법처럼 춤추고, 노래하고,
재주를 넘으며 살아가고 있지만

더 넓은 세상에서
더 높이, 더 멀리 뛸 수 있을 거야

널 믿고 기다려 주는
내가 있으니까

## 속삭임

누군가
내 등 뒤에서
속삭인다

아이, 간지러워
마치 바람이 목덜미에
깃털을 굴리는 것처럼

뒤돌아보고 싶지 않아
속삭— 속삭—

무슨 말인지
맞춰봐

사랑한다구
좋아한다구
고맙다구

아니,
밥 달라구

## 어린아이의 기도

크리스마스가 되면
교회 선물에 혹해
믿지 않던 하나님께
기도하던 어린 날

어른이 되어
처음 교회 문을 연 날도
크리스마스

몸이 아프고
마음까지 나약할 때
이미 받은 은혜를 기억하며
감사 기도를 드린다

몸져누운 아버님
나만 보면
기도해 달라 하셨고

그에게
어린아이 같은 믿음이
부담스럽지 않았던 걸까

구급차 안, 긴 시간
평생 잡아보지 못한 손을
한 시간 넘게 꼭 잡고서는

말 대신
두 손 모은 침묵 기도로
아버님을 위로했다

눈을 감으니
그의 마음이 고스란히 전해지고
간절함에 떼를 썼을 기도였음이 분명한데
미소 가득한 기도가 흘러나왔다

꿈속에서 만난
해맑은 아버님의 얼굴
그가 느꼈던 사랑이
오늘은 나에게 돌아왔다

## 나만의 너

거울 너머
마주한 그대 표정

살짝 번진 미소
동그랗게 뜬 눈

그냥 보고
넘어갈 수 없는 순간

안 돼, 안 돼
아무리 그대가 애를 써도
내가 더 애를 쓰고 말지

거울 속 그대를
내 안에 가득 담고

눈 감은 너 몰래

미소 짓는 나

마음 들키고도
부끄럽지 않은 나

오늘만은
정말
나만 가지고 싶은 너

## 이끌림

언제부턴가
그대 향한 향기에 이끌려

마음에 구름이 끼는 날도
생각이 흐린 날도

바람 한 줌 주워 담아
흐릿한 날을 지우고

내 걸음이
내 마음이

뚜벅뚜벅
걸어 나온다

그대의 시간이 오면

## 비워낸 자리마다

냉동실 속
마른 대파 한 줌까지
말끔히 비워낸 날

시골 햇살 머금은 대파 한 아름
두 손 가득 안겨온다
조용히, 푸르다

숟가락으로 푹푹
속살 퍼먹고
껍질만 남은 수박 조각
나도 수박 좋아하는데

현관 앞
무심히 놓인 두 덩이
초록 줄무늬가 여름보다 먼저 온다

고기는 있는데
야채가 없어
김치나 꺼내야지, 했던 저녁

엘리베이터 안
방금 뜯은 상추 한 줌
무심한 손길이, 부드럽다

올해는 살구
배 터지게 먹고 싶다며
그냥, 흘리듯 말했을 뿐인데

교회 앞마당
햇살에 익은 살구 바구니
'먹고 싶은 만큼 가져가요'
그 말이 달콤하다

모든 게 늘
채워지는 건 아니어도

비워진 하루하루
그 자리에 스며드는
이 작은 손길들

그날그날
누군가를 통해
조용히 채워지는 하루에
감사

## 꽃물

까막눈으로 살아온 세월이라
늘 어둡기만 했겠냐며,
스스로를 다독여본다

나도 여자고
예쁜 걸 보면 마음이 환해지고
글씨는 몰라도
마음쯤은 쓸 줄 안다

툭툭한 연필보다
보드라운 붓이
내 마음을
살살 어루만져 주거든

그래,
사실 난 한글을 몰라
그래서 연필 대신

붓을 들었지

쭉쭉 선을 긋고
콕콕 점을 찍으면
꽃이 피고
나도 피어나는 것 같아

하얀 백지 위에
내 마음이 스며들 때
나는 살아있음을 느껴

뜨거운 마당 한켠에 앉아
바람에 흔들리는 붓끝
눈은 침침해져도

꽃 하나 잉크 삼아
천천히 물들여가는 그 순간이

세상에서 가장 편안한 시간


내 눈 더 어두워지기 전에
이 마음, 꼭 담아두련다
세상에 하나뿐인
내 꽃물

세상엔 참
예쁜 꽃들이 많지

내일은
또 누구를,
마중 나가 볼까

## 내겐 아주 큰 별

눈감고 널 기다리던 그날
내 머릿속은 별들로 가득했어

큰곰자리 꼬리 일곱 개 별이
나란히 들어오던 밤

우두커니 있던 널
단숨에 알아봤지

그건 맨눈으로도 찾을 수 있는
북두칠성이었으니까

그렇게 우리는 눈맞춤하고
여린 별 하나
어떻게 내 눈에 들어왔을까 감탄하며

그 빛 속으로 빠져들었지

눈부셔서

바라볼 수 없을 만큼 아름다웠어

그 빛이 내 안에 들어와 숨 쉬고

꿈틀거릴 때

혹시라도 흐려질까

조심조심, 서로를 비춰주려 했어

베넷저고리 아주 작은 소매에서

팔을, 발을 내밀며 반짝이던 너

그렇게

넌

우리에게 아주 큰 별이 되었어

## 손에 담은 웃음


단내 맡고 기어오른 개미
목단꽃 한 다발에 발을 담그더니

아이 웃음소리에 놀라
제 집으로 도망가던 날

어릴 적 소고춤 추던
고깔모자에 달린 꽃술을
식탁 위에 꽂아놓고서는

한 잎, 툭 웃어 보이고
또 한 잎, 투둑 웃어 보이는
초고속 카메라 눈으로 바라본 놀라운 광경

꽃받침 밑둥 감싸안을 만큼
풍성해진 목단꽃
함박 웃음꽃이 된다

할머니 거친 손에
폭삭폭삭 웃음꽃 가득 담아
웃음 가득 선물할 때

굴러가는 꽃잎 보고
너와 나 웃음소리 술래잡기하며
숨넘어가듯 데굴데굴

고개 젖혀
둘이 웃는 그 순간
방 안 가득
목단꽃이 핀다

## 매일, 너라는 날씨

베란다 난간대
빗방울과 하이파이브하는 아침
딱 마주친 손뼉에
고개가 절로 돌아간다

우산 안 챙겨줬다며
투덜거릴 아이 생각
머릿속엔 천둥이 친다

뚱뚱한 구름
재채기 나올 듯 말 듯하더니
에취~
비를 들이붓는다

흙냄새 스며든 관절
어김없이 쑤시고
혹시 몰라 우산을 챙긴다

내게 매일
하루치의 날씨를 묻는 너

아이야
우산은 예보보다
마음이 먼저 챙기는 거란다

## 머물지 않는 삶

평생 이사 생각 없다던 까치
신혼집 쓸고 닦고 고치더니
넓은 평수 둥지엔
둘이 손잡고 들어갈
궁궐 대문까지 마련했지

구룩구룩
이명으로 어지러워하던 비둘기
작은 둥지에선 버티지 못하고
사람 눈 피해
아파트 발코니 실외기 옆에
보금자릴 틀었어

참깨밭 빼곡한 숲에서
풀씨만 골라 먹던 참새
입덧이라도 하는지
요즘은 풀벌레만 땡긴다며

덤불숲을 들락날락해

나무뿌리 눌러놓은
이슬을 먹음은 매미 애벌레
흙냄새 맡으며 겨우 올라온 땅 위에
등껍질 벗어던진
매미의 한달살이

모두가
집을 짓고
이사하고
가정을 꾸리는 계절에

매미는
지켜야 할 집도,
머물 곳도 없다

오직 짝을 찾기 위해
울다, 지쳐
나무틈 어딘가
다음 여름의 문을 남긴다

# 제2부
# 아스팔트 위의 새벽

신발끈 질끈 동여매고
거친 숨소리에 심장이 뛴다

## 클래식 반찬

클래식 라디오 음악은
우리 집 아이들의 마음 친구

생각아, 자라라
몸도 마음도
예쁜 음악처럼
곱게 자라라

창틈으로 바람이 들고
화초는 쑥쑥,
금붕어의 엉덩이도
은빛으로 씰룩인다

고요한 오후,
성악가의 숨결이
식탁 위에 내려앉는다

풍선이 터지기 직전처럼
고래고래 숨을 불어넣는 목소리
그 진지한 열기에
나도 잠시 숨을 고른다

"엄마,
저 아저씨 진짜 노래 잘하지?"

아이는 클래식을 반찬 삼아
먹고,
듣고,
그리고 자란다

## 도서관 나들이

시커먼 밤,
가로등 그림자가 여유를 흘리고

벌건 대낮,
그림자는 성급한 마음을 쫑쫑 따라간다

막대아이스크림만 한 가로등 그림자
그 밑에 내 몸 구겨 넣고
등을 대본다

번쩍인 햇살 맞고도 풍성한 나뭇잎
저렇게도 여유로운데
나는 왜 이리 숨이 차는 걸까

길가에 나란히 주차된 자동차들
달걀 하나 톡,
후라이라도 될 듯 지글거리는 열기

팔 데일까,
멀찌감치 떨어져 걸을 때

인도 위, 신호등 그림자
빨간불이 초록불로
잠시 식혀질 때까지

집 앞 5분 거리
이 여름의 오두방정 나들이 끝에

드디어 도착한,
차가운 공기,
책 냄새,
조용한 숨
도서관

### 꽃잎 위의 상처

모기가 놀다 간
발등 위 상처
딱지가 되었다

호— 불어 달라고
쓰윽 내밀었더니
툭, 긁혀

들깨알만 한 상처
색도 크기도, 붉은 팥알

화장지 조각
꼬옥 누르면 괜찮다더니

팥물 스민 꽃잎
나란히 줄 세워볼까?

팥죽빛 꽃잎이

도대체 몇 장이야?


아,

어지러

## 말로 이기는 중

글자도 그림처럼
한자도 그림처럼
색깔로 구분 짓는
너와 나의 장기 한 판

투당투당 장기알 놓는 소리
자신감 어깨를 올리고
오빠는 이미 승리를
손쉽게 내다본다

나도 잘 모르는 장기를
너희가 한다고?

아빠 실력 따라잡은 오빠
누가 감히 실력 차를 재려 하나
한 수 두기 전까지는

싱글벙글
이미 승리는 오빠 거
널 이기는 건 껌이지 껌
자, 받아라 장이야

신경 바짝
골똘히 생각하는 너
한 수 두며 내미는 말은
자, 받아라 자기야

어이없어
'자기야'는 엄마가 아빠 부르는 말

아 그렇지 그렇지,
그럼 자, 받아라 자네야

아휴,

'자네야'는 아빠가 엄마 부르는 말

뭐야?
그럼 '장이야'는 누군데…

누구 말로 이긴 거지
판은 끝났는데
나만 말에 걸려 있다

## 아스팔트 위의 새벽


마라톤 준비로
아스팔트 흰 실선 긋느라 분주한 아침

어둠을 뚫고
숨 가쁘게 달려오는 새벽

눈곱도 떼지 못한 아침 노을
귀 끝까지 붉은 얼굴로
뚜벅뚜벅 걸어나온다

수적으로 밀릴 수 없다던 참새 떼
쫑알쫑알, 제자리 뛰기로 몸을 푼다

이발소 바리캉으로 머리 민
깍뚝 머리 버스와
전날 회식으로 배 불룩한 레미콘 차
줄지어 선두에 서고

밤새 일한 하루살이
삐쩍 마른 가로등 위에서 응원하고
차디찬 새벽 공기는
체온을 높이며 뒤따른다

이슬방울들
흩어지지 말자며 손을 맞잡고

뿌연 안개 커튼 걷는 하늘창
햇살이 커튼끈 쥐고
한쪽으로 제치듯 비켜서며
호루라기 입에 물고 — 삐익!

신발끈 질끈 동여매고
거친 숨소리에 심장이 뛴다

숨이 차도록, 새벽을 깨우며 달리는 동안

텅 빈 아스팔트 위,

결승 테이프가 준비되고 있다

## 명품

나이 들면
금 하나쯤은 해줘야지, 안 그래?

쇄골뼈 반듯한 내 목
목걸이 차르르 툭,
떨어지지 않는 느낌

굵은 마디마디 내 손가락
반지, 마디에 걸려 들어가지 않을까 망설이고

앙상하게 볼가진 손목
팔찌보다 뼈가 더 도드라지고

얇은 귓불, 바가지 귀
귀걸이도 머리카락에 가려지고

몸에 비해 가는 발목

발찌는 긴 바지 속에 숨어버려

그래도 다 괜찮아
다 필요 없어

내가
명품이잖아

## 고귀한 시간 낭비

나를 비우고
마음이 머무는 시간은
멍하니,
괜찮은 순간

쓸모없어 보였던
바람처럼 흘러간 그 시간이
어느새 위로가 되고

오늘이라는 시간에
살며시 다가선 마음

아무 일 없어도
이 시간이 내겐
고귀한 시간 낭비

## 휴가

덜컹덜컹 열차에 올라
생각나는 건 배달음식

넓은 식탁 제쳐두고
작은 밥상 위에서 먹고 싶을까

아들 친구들아,
이번 휴가는
우리에게도 시간을 좀 내주라

서로 짐을 챙기던 우리가
이젠 각자 짐을 들고
나도 내 짐만 챙긴 게
도대체 얼마 만인가

그냥 마음 편히
쉬었다 오자

여행객 하나 없는 숙소
눈이 빨개지도록 수영하고

숯불에 고기 익고
노을도 붉게 물든다
모기떼는 서로 앞다퉈
아들 옆에 앉겠다고

역시 고기는
밖에서 굽고
에어컨 바람 쐬며 먹는 게 최고

군대에서 굳은 어깨
스르르 풀리는지
쇼파에 널브러진 아들에게
속삭인다

좀 쉬어라,

푹—

아들의 어깨에서 긴 숨이 흘러나온다

## 회전 접시 위의 삶

줄지어 돌고 도는 회전 접시 위에
바닷속 그들의 인생 이야기가 펼쳐진다

탄탄한 근육, 핏물 가득한 붉은 살
얼마나 처절하게 몸부림쳤을지
참치의 삶 조각들

강을 거슬러 힘겹게 올라
곰의 습격을 피해 산란을 마치고
천천히 죽음을 받아들인 연어

둥근 가시 촉을 세우고 걷다가
육지에 오르면 바람에 기대어 굴러야 했던
외로운 성게의 나날

잿빛 껍데기를 단단히 두르고
낚시 미끼를 피해 달려온

두려움 가득 꽃새우의 여정


머리뼈를 부딪쳐 조개껍질을 부수고
낚싯줄을 끊으며 몸부림친 도미

그 옛날, 홈을 파내 빗으로 썼다는
이집트인의 생활이 트라우마로 남았을까
물 뿜으며 오랜 시간 도망쳐 온 가리비

그들의 사연이 들려온다
그들의 정신이 혼미해지도록
돌고 또 도는 동안

회전 접시 위, 그들의 삶은
산산조각 난다

그들의 아우성이 잠잠해지고 나서야

비로소
내가 좋아하는 초밥이 된다


더 많은 이야기를 듣고 나면
그저 위로만 건네고
그저 떠나기엔 마음 한켠이 아리다


다음엔
내 얘기도
살며시 전해줄게

## 칼국수 한 그릇


새 생명이 생기면
기쁘고, 축하받고,
행복할 줄만 알았다

울렁울렁 속 다스리며
향긋한 음식으로 꼭꼭 씹어 삼키고
아이 불편할까 봐
넉넉하고 부드러운 옷을 입는다

사람 만날 날도 적어
웃을 일은 드물고
기운이 없으니
의욕도 자꾸 사라진다

뭐라도 먹고 싶은 게 있으면 좋겠다
한 번만이라도
맛있게 먹고 싶다

평소엔 별로였던 칼국수가
오늘따라 너무 먹고 싶어진다

일인분 배달은 어렵다는 말에
용기를 내어 말한다
산모인데
오늘 아무것도 못 먹었다고

떙동
마음 따뜻한 칼국수집 사장님

거실이 운동장처럼 느껴지던 날
현관까지 가는 길은
끝이 안 보이는 긴 터널

겨우 문 앞에 도착해
문을 여는 순간

핑—

현기증이 돌고

휘청, 휘청…


칼국수 사장님 품에

안겨버린 나


사모님,

여기서 이러시면 안 됩니다

## 짝사랑

꾹꾹 눌러쓴 편지가 아니어서
다행이야

눈물, 콧물 자국
얼룩투성이 됐을 테니까

훈련소 한 달
어느 소속도 아닌 그곳에서
우리가 마음 주고받은 건
모바일 밴드 하나

확인도, 대답도 없던 너에게
나는 매일
일기 같은 짝사랑 편지를 썼지

기다리던 답장은 없었고
대신 너의 온기를

차곡차곡 담은
개인 물품 택배 한 상자

그 안엔
너의 채취, 땀냄새,
뜨거운 안녕이 가득했지

말할 수 없는 아픔은
엄마의 몫이었기에
그렇게 써 내려간 편지들

이제 책으로 엮었단다

훈련소 한 달의 외로움과
우리가 견뎌낸
소소한 시간들이
추억이 되기를 바라며

엄마의 인생 첫 책

『아들아, 사랑한다』

너에게 선물할게

## 기도의 결실

모유만으로도 토실토실
알밤 같던 녀석이

이유식 시기조차
이것저것 가리지 않고
널뛰듯 잘도 먹더니

배앓이로 쌀죽 한 그릇
뚝딱 비우고는
하나 더 안 되냐던 녀석

고기 없는 식탁 앞에
턱 괴고 앉아
한숨 쉬며 묻는다
"우리 집은 왜 이렇게 가난해?"

삼겹살 든든히 넣어주면

"야채는 왜 안 줘?"
분주한 아침
등굣길을 소란하게 만들던 녀석

지금쯤은
군대 밥도
말없이 잘 먹고 있겠지

아들 휴가 나온 날
현관문 열리자마자
오빠를 본 동생이
눈을 동그랗게 뜨고 외친다

"오빠~!
헉… 마동석이다!"

건강만 하라고

날마다 기도했더니

그 기도,

이렇게 결실이 되었다

## 거리두기

뜨거운 불덩이 같은 더위, 너
초인종도 누르지 않고 언제 들어온 거니

그냥 있어도 더운데
지금이 여름이라는 걸 아니

이맘때쯤이면
내가 늘 생각나는가 봐

난 널 잊은 지 오래야
연락도 없이 불쑥 찾아오는 건 예의가 아니지

창문 열어줄게, 나가줘
열 식히고, 진정되면
다음에 보자, 우리

집 안 곳곳

내 옆에 붙어
놀아달라는 거니

나 나갈 거야
따라올 테면 따라와 봐

팔짱 끼니까 나 너무 더워
어디까지 따라올 건데

같이 붙어 있으면
뜨거워서 못 견디겠어
좀 떨어져 줄래

걸어도 덥고, 달려도 덥고…
너, 그거 집착이야

나에게

조금만 관심을 덜어줬으면 좋겠어

네 관심에서 벗어나
나 혼자만의 시간을 갖고 싶어

너 마음은 알지만
미안해

나 지금 도서관에 갈 건데
거기도 따라올 거니

설마
너 도서관 가면 졸 거잖아

…아, 창피해
난 너 모른 척할 거야

## 오래전부터


어릴 적 추억을
작은 퍼즐 조각처럼 맞춰가는
어른이 된 딸

빨간머리 앤을 닮은 듯
틈만 나면 퍼즐에 빠져들고

나도 책장 깊숙한 곳에서
낡은 '빨간머리 앤'을 꺼내 든다

누구의 허락도 없이
소리 내어 읽기 시작한
앤의 이야기

감탄 섞인 눈빛으로
좋다, 좋다 말하던 어른이 딸

나도 어릴 적엔
상상이 자주 말을 걸어왔었다고
앤처럼 나무에 이름을 붙이고
그 이름을 부르며 걸었다고

작가 감성,
그때부터 있었던 거냐며
웃음 섞인 눈빛을 건네던 딸

그래서 말하고 싶었어
어쩌면 그때부터
나는 이미 시인이었는지도 모른다고

언젠가 정말 시인이 된다면
꼭 전하고 싶다

나,

오래전부터

시인이었다고

## 말벌 소동

아파트 리모델링하는 날

건물 사이사이를

웨엥~~~~
웨엥~~

말벌 백 마리
떼지어 날아다니는 소리

구름 끼고 서늘한 날
감성 제대로 깨는 소리

잠자다 놀라 깬 남편
말벌 사냥 나가신다

담뱃불 놓아 말벌 잡으려나

꼭 성공하길

## 엄마와 낱말카드

엄마의 할아버지는
그 옛날, 서당 훈장님

여자는 이름 석 자만 배우면
세상 살아갈 수 있다던 시절

여태껏 한 글자도 몰라도
지혜로 살아내셨던 우리 엄마

그렇게 엄마는
긴 세월, 한글 없이 살아오셨다

어린 손녀의 낱말카드 앞에서
처음, 한글을 접한 엄마

할머니, 이거 무슨 그림이야?
가방!

이거는?
바지!

상자그림을 가리키며
이거는?

잠시 머뭇…
음…
택배!

하하호호 말놀이
뜻도 모른 채 웃는 우리 엄마

지난날 억울함은 되돌릴 수 없지만
이 순간
아픈 허리통증을 잠시 잊고

소소한 추억을 어루만지며
엄마의 마음을 살며시 토닥인다

## 진짜 일기


어린 시절 썼던 일기장
흩어질까 봐 테이프로 꽁꽁 묶었지

얼마나 소중했기에
얼마나 간직하고 싶었기에

친구 마음을 헤아린 일
시험 못 본 것에 대한 변명
학교 못 간 날
친구와 싸운 일
선생님께 벌 받은 일

모두—
온통 선생님을 의식한 고백들

속이 훤히 보이는
삼십육 년 전 아부의 일기장

…이게
진짜
일기

## 나만의 향기

내가 명품이면
이름 없는 것도
명품처럼 빛날 거야

평범한 젤리슈즈를 신었을 뿐인데
명품이냐고 묻는 사람에겐
그저 고맙다며
웃어주면 돼

짝퉁은
아무리 감춰도
결국 들킨다던 너

넌 짝퉁이 아니야
흉내 낼 수도,
흉내 내서도 안 되는 존재

샤워꼭지에서
이름 모를 향기 부서질 때
쿵쿵—
나만의 향기를 찾아봐

미끌미끌 손놀림 따라
솜사탕처럼 부풀어 오른 머리
얼굴까지 흘러내릴
그 달달함을 느껴보는 거지

지금, 여기, 이 순간
손끝, 발끝까지
기분 좋아졌을 너

뽀송뽀송,
참
사랑스럽다

# 제3부
# 눈물이 물든 자리

나의 기도의 눈물은
결코 헛되지 않으리라는 것을 믿는다

## 축복의 날

향기 머문 자리마다
꿀벌 날갯짓, 꽃눈이 흩날리고

시선 머문 그곳에
화사한 면사포 신부를 맞이하네

바람 머문 자리마다
봄꽃 잔치, 찬란한 피날레

첫날의 떨림처럼
새로운 출발을 알리는
우리들의 축제

오늘
모든 순간이
특별하고 소중한 날

지금, 여기 있는

모두를

축복합니다

## 흐린 눈으로 보는 세상

사소한 것에서
웃음이 지어지고
감동이 되고
미소가 번지는

세상이
수채화처럼 보일 수 있는
그런 흐린 눈으로
세상을 보려 한다

추운 날씨도
아직 푸르지 않은 것들도

모두
따뜻한 봄날의 수채화처럼
보일 테니까

## 전시회

우리 집 냉장고 문짝
작품 전시회 날

우와, 우와—
멋지다, 멋져

누구 게 더 잘했을까요?
오빠야?
나야?

너한테
엄마가 좋아, 아빠가 좋아
라고 물어보면 어렵지 않을까?

응,
전혀
난 아빠

## 맵고 달콤한 기억

입에도 맵고
눈에도 맵다던 쪽파

안경을 끼면 나을까
할머니 하나, 나도 하나

따끔따끔 쪽파 향 안경에 부딪혔나
진작 쓸 걸 할머니 미소

도란도란 이야기 속
쪽파 향은 멀리 날아가고

렌즈 빠진 안경 씌워준 거란
손녀 고백에
웃음꽃 내려앉고

매워서 흘린 눈물

웃다 흘린 눈물로 씻겨질 때


뽀얀 속살 드러낸 쪽파
가지런히 누워 속삭이는 말


모든 건
내 마음에
달려 있는 거야

## 동아의 선물

신나 신나
생일잔치

뜯어 뜯어
생일선물

삐뚤빼뚤
친구 이름들

이름 없는
상자 하나

궁금해서
뜯어보니—

거봐!
동아가 준 거잖아

'동아 색연필'

또박또박 잘 썼네

## 현실 남매

배 아파
화장실, 화장실!

말이 떨어지기 무섭게
변기로 후다닥—
얄미운 녀석

너 지금 안 마려운 거
다 알거든

한 번만, 딱 한 번만
양보하면 스티커 줄게

괜찮아,
나 스티커 많아

아, 배야…

아, 진짜…
얄미워,
정말 얄미워

지금도
엘리베이터에서 마주치면
모르는 척하는,

현실 남매

## 우리만의 비밀

너 참 이쁘구나
짙은 보랏빛, 작은 체구

수줍은 모습도 사랑스럽구나
방금 하늘 향해 웃더니
바람 소리에 금세 고개를 숙이고

홍겨운 웃음에 마음이 들썩이네
함박웃음에 양팔 벌려
흐느적 어깨춤을 추다니

너 참 귀엽구나
날 데려가 달라고
어깨를 으쓱, 눈빛을 반짝이다니

너 참… 안 되겠다
나랑 같이

우리 집 갈래?

사람들이 보면 어쩌지…

일단 접힌 우산 속에
숨자, 아무도 모르게

## 지구가 아픈 이유

밥을 먹는 건
내가 살아있다는 뜻

밥은 깨끗하게, 깨끗하게
한 톨도 남김없이

왜 다 먹어야 하냐고?

먹지 않으면
몸도 아프고
키도 안 크고

그리고—
지구가 아프겠지

환경에 관심을 가진 너
대단해, 대단해

지구가 왜 아플까?


지구가 아픈 건

바로 바로

밥을 안 먹어서야

## 네가 들려주는 오늘

자전거에
새를 태우고

바구니엔
알록달록 나뭇잎 가득

아이 눈에만 보이는
낮은 데서 피는 꽃들

오동통한 손마디 마다
풀꽃 하나씩 담으며

"미안해,
고마워,
사랑해—"

따뜻한 속삭임은

선생님 흉내

아이야,
오늘은 네가
내 선생님

## 눈물이 물든 자리

오랜 세월
엄마가 들고 다녔을 듯한
하얀 손수건 하나

기도만 하면
눈물이 흐르던 날들
그럴 때마다
덜렁 챙겨 나가던,
나만 아는 얼룩 손수건

눈물과 콧물 받아내며
누렇게 바랜 그 천 조각
건조대 위에서
조용히 눈물을 말릴 때

여행 다녀오는 길에 생각났다던
검정 체크 손수건

휴게소 진열대에서
무심히 골랐을 그 손수건
손끝에 닿기도 전에
거칠거칠 삼베 결이 스친다

그래도,
그 귀한 마음으로
눈물을 닦다 보니
눈가가 헐고, 코밑이 아려도

먹물 손수건에
차곡차곡 스며든
나의 기도의 눈물은
결코 헛되지 않으리라는 것을

나는 믿는다

## 씨름

보슬보슬 톱밥,
숯가루 뒤집어쓴
못난이 번개탄

연탄집게에 코 꿰어
끌려가던 날

구깃구깃 신문지 위에
나의 간절함을 불붙이고
사르락 힘없이 쓰러진
잿더미 종잇조각

다시 신문지를 겹겹이 구겨
불을 붙이면
성난 번개탄,
드디어 연탄과 씨름을 시작한다

구멍 한 줄로 통로를 만들고
공기를 주입하는 무기 장착
그 위압감에
번개탄의 열정이 옮겨 가고서야
연탄의 환호성이 울린다

그날,
나의 인생 최고 위기
연탄보일러 피우기
삶의 현장

지독한 연탄가스 냄새 때문인지
아니면,
그리움 때문인지

연탄방귀 냄새가
콧속을 뚫고

심장에 고여 회오리 친다

밥 먹으라던 엄마 목소리가
심장에 닿는다

## 위로의 말

여리디여린 할미꽃처럼
엄마는 오랫동안 꼬부랑 할머니

허리를 펼 수 없는 날이 이어지고
결국 수술대에 오르시던 날

눈가 주름 자글자글한 엄마
두 손 꼭 모은 채
말없이 올리던 간절한 기도

기도 중 보았다던
노란 머리,
노란 눈동자
세상 큰 닭날개

교회에 나가지도 않는
성경도 모르는 엄마

그날,

누구보다 연약한 한 사람에게

천사를 보내시고

진정으로 엄마에게 하고 싶으셨던 말

"내가 너를 사랑한다"

## 같은 자리, 다른 세상

너와 나
나란히 손잡고
나란히 앉은 자리

눈이 작은 너는
세상이 조금 보일까
눈이 큰 나는
세상을 더 많이 보게 되는 걸까

같은 자리에 앉아
똑같은 눈높이인데도

네 눈엔
저수지와 하늘만 가득한데

내 눈엔
저수지, 하늘

그리고 처마 끝

정말 그럴까?

네가
눈꺼풀을 살짝 들어 올리면
그 작은 눈에도
처마 끝이 보일지도 몰라

어!
보인다, 보여!
처마 끝이!

너의 눈으로 보면
세상은 더 넓어져

웃음소리,

처마 끝에

디룽디룽

## 삶의 여유

그가 날 잊은 건가
약속 시간을 잊은 건가
아니면 오늘을 흘려보낸 건가

화도, 지루함도, 걱정도
스친 섭섭함도
모두 내려놓는다

나를 시간에 맞추는 것보다
오고 있는 시간에
나를 맡기는 여유

나에게 집중하니
어긋난 약속도
저절로 맞춰지고

오늘을 잊은 그를 만나면

투덜대기보다
귀를 쫑긋 열어줄 여유가 생긴다

언젠가
기다림이라는 삶의 여유를 느끼고
누군가의 말에 귀 기울여주겠지

그도

## 모든 날이

꾹꾹 눌러쓴
당신만의 따뜻한 표현은
우리만의 추억

그대라는 매력이
조심스레 주워 담겨지고
담은 매력에
나도 모르게 웃음 짓는

깔깔깔, 눈물 나게 웃을 때
모든 사람들의 시선이 느껴져도
행복했던 그 순간

모든 날이 사랑스러웠고
모든 날이 눈부셨고
모든 날이
그리울 겁니다

그대는

내 손을 잡고

나는

그대의 마음을 잡고

## 너를 담는 길

나의 발걸음이
어디로 향하는지

나의 몸이
어디로 뉘었는지

살금살금
조심조심

보자기로
나를 덮어 싸고
담고 싶다던 너

아냐, 아냐
차라리
내가 그 안에 들어갈게

얼기설기 보자기 틈 사이로
흐릿하게 보이는 널 찾아

내가
토끼걸음으로
너에게로 갈게

보자기가 묶여 있어도
숨이 막히고 답답해도
내가 널 찾아갈게

아무래도
내가 널
더 좋아하나 봐

## 달이 차오를 때

잠에서 깨어
레몬차 한잔의 시큼함으로

문득
그대가 없다는 걸 실감한 어느 날

난 무얼 해야 하나

그대 향한 머릿속으로
더딘 하루 보내지 말자 다짐하며

하루하루
그대가 던져놓고 간 계획표대로 살리라
단단히 먹은 마음

그대가 반달 모양으로 떠났으니
며칠 후면 충분히

달이 차오르겠지요

동글동글 달이 다듬어지는 날
환한 달빛 아래
환한 미소로 우리 만나요

달이 차오르기까지
그대를 기다리며

잘 다녀와요
보고 싶을 거예요

## 평화의 아침

벌떡벌떡
심장 박동수가 이불을 뚫고

쌕쌕
호흡곤란이 베개에 묻혀 힘들 때

이것저것 먹어도
소화되지 않는

잠도 제대로 못 자는 걸 알면서
매일 아침 반복되는
기상, 기상, 한숨소리

불안과 초조함으로 가득한 머리
경쟁으로 눌린 어깨
기대로 축축 처진 팔
희망을 누르며 견딘 다리

애써 다정하게
살갑게
화도 내고 포기해도

매일 아침
배려 속 전쟁

마음의 눈을 떠
세월호 아이들을 떠올릴 때
지쳐있어도 건강함에
마음 편히 투정 부릴 수 있음에
곁에 두고 사랑으로 바라볼 수 있음에
감사 위에 눈물 한 방울 주르르 흐를 때

큰 소리 내지 않아도
아이가 조용히 꿈틀거린다

평화의 아침

## 제4부
# 달팽이에게 띄우는 편지

나와 함께해 준 오래된,
그리고 여전히 귀한 너에게

## 그대의 마음

어제
그대의 따스한 마음을
미리 받았다는 걸
아시나요

작고 사소한 내 몸짓
말 하나하나를 기억해주는
그대
참 감동적인 사람

매일 언어의 온도로
내 마음을 녹여주는
그대
참 따뜻한 사람

머릿속 쥐를 잡는 애씀으로
간절히 마음을 전하려는

그대

참 귀여운 사람

그대만의 향기로

표현되는 모든 날과 몸짓이

내겐

행복

## 가을, 시린 추억

가을은
한풀 꺾인 인생 같아
누군가, 쓸쓸하다 했다

찬바람 불면
어깨가 오므라들고

하루하루 눌러 담은 기억들이
시린 추억으로 남는 계절

세포 하나하나에
슬픔과 외로움을 끼워 넣고,
두려움과 막막함을 끼워 넣으니

한숨과 뿌연 연기가
텅 빈 가슴에 가득가득

잎사귀 하나 떨어지는 것도 슬픔
바람이 불면 부딪힐 것 같은 두려움

어쩌면
지나가는 순간순간이
그저,
부드러운 온도이길 바랐는지도

## 끝없는 봄

애써 피운 꽃잎
고개를 떨구는 세찬 바람

잘 버티고 선 옆구리
쿡쿡 꽂히는 바늘 비

초록싹 피우는 햇살의 포근함
이를 시샘하는 회색 바람

겨울 막바지 질투일까
견뎌내라는 혹독한 가르침일까

질흙처럼 차디찬 대지 아래
수많은 생명이 움트고 있다

콩나물 시루보다 더 빽빽하게
치열한 숨결로

서로의 어깨 싸움에 밀리는 중

먼저 빛을 보겠다고
먼저 봄을 보겠다는 아우성

함께 손잡고
봄을 맞이하면 좋으련만

움트지 못한 씨앗에게는
보듬어 안는 따뜻함을

약한 새싹에게는
팔 뻗어 경호원의 마음으로

먼저 일어선 꽃들에게는
환호의 박수로

한꺼번에 피는 꽃은 없어
너 먼저, 나 먼저
피고 지고

끝없는 방황과 시련 속에서
너의 비워진 자리 내가 채우며
희망을 말할 때

그때가
바로
봄

## 눈 내린 날의 선물

눈이 내린다
삐걱, 쿵
무뚝뚝한 대문 소리

듬성듬성 고된 머리 위로
보송보송 토끼털 같은 눈이 내려앉고

꼬꽁 얼러붙은 구두 위 하얀 이불 솜
손으로 툭툭 털며 퇴근하는 아버지

가슴 시리도록 추운 날씨
팔짱을 끼고 종종걸음

아랫목 이불 속에서 막 꺼낸 듯
가슴 깊은 곳에서 꺼낸 책 한 권

내 작은 손에 넘치고 무거운

두 손 가득 의문의 선물

생일도, 크리스마스도,
약속도 아니었지만

나만을 위해 살포시 안겨주신
수채화 번진 일기장 한 권

그 속에서
상상도, 첫사랑도, 비밀도, 꿈도
한 장 한 장 피어났다

나에게만 보내신 비밀 암호
윙크

그 안에 숨겨진 비밀은
오늘의 내 꿈과 희망이었을지도…

## 달팽이에게 띄우는 편지

귀가 없어도
온몸으로 진동을 느끼며
내 말에 귀 기울여주고
사랑한다던 너

한 시간에
겨우 일 센티미터 걷는 걸음이란 걸 알면서도
기다려 달라고
발폭 맞춰 달라던 나

고기를 좋아하면서도
내가 주는 상추와 시금치
매일 아무렇지 않게 받아 먹었지

빛과 어둠 정도의 약한 시력으로도
나의 표정을 읽고
그날그날의 기분을 알아차리던 너

그런 너에게 난
철없이 세상을 폴짝폴짝 누비며 즐거워했고
내가 너보다 크다는 이유로
의시대기도 했지

그러고 보니,
그땐 내가
너에게 얼마나 위협적인 천적이었을까

껍데기 하나 등에 지고
면도날 위를 기어 다니며
점액이라는 보호막으로
우리를 지켜내던 수많은 날들

이제
힘들 땐
촉각 세워 예민했던 더듬이 접고

껍데기 속으로 쏙 숨어도 괜찮아

널 채집통에 가두지도 않을 거야
기어오르다 껍데기가 깨져도
내가 너의 손을 잡아줄게

그동안 살아내느라
정말 애썼어

이제
지친 너의 마음을
촉촉하게 지켜줄
이슬이 되어줄게

나와 함께해 준
오래된,
그리고 여전히 귀한 너에게

## 골뱅이

모니터 앞
먹통이 된 컴퓨터

컴퓨터가
갑자기 아픈 거 같다고
컴퓨터 병원에 전화를 건다

비대면 진료에 익숙한 의사 선생님
응급 처방을 내리셨다

알파벳을 더듬는 손가락
독수리 발톱
탁, 타닥

키보드 위를 헤매는 눈동자
엔터를 누르고

@(골뱅이)를 누르라는 말에
잠시 멈춰 선 발톱
생각에 잠기더니

그래,
골-뱅-이

시키는 대로 했는데
뭐가 문제죠?

친히 왕진하시겠다는
선생님을 기다리며

모니터 위에 쓰여진 것과
눈을 마주친다

한글로 쓴
'골 뱅 이' 글자가
눈만 끔뻑끔뻑인다

## 귀한 선물의 주인

초록 탱글,
매실이 주렁주렁

귀한 분께 드릴 선물
깨끗하고, 예쁘고,
튼실한 걸로 보내 달라는 주문

받으실 분 성함은
'청도스 님'

보고 또 보고,
다시 봐도
'청도스 님'

잘못 들은 건가…
전화 걸어
다시 확인하니

청도스 님 NO!

귀한 선물의 주인
청도 스님

## 들키지 않은 비밀번호

현관문 비밀번호는
내가, 내가

입으로 꾹꾹
1! 3! 5! 5!

누가 들을라
마음속으로 눌러야지

어차피
별표(*)는
말 안 했지롱

## 한밤의 SOS

엄마, 엄마
빨리, 빨리

늦은 밤
다급한 외침

헐레벌떡
무슨 일인가 했더니

꼼짝 말고
침착하게 내 말만 들어

앞으로 세 발짝
하나, 둘, 셋

오른쪽으로 두 발짝
하나, 둘

오른쪽으로
하나, 둘, 멈춰

잠깐의 정적…

불 좀 꺼주고 가세요
고마워 엄마

## 무화과의 시간

거뭇거뭇 울퉁불퉁,
내 손등을 닮은 그 나무

가지 끝마다 깊게 팬 주름
한 세월,
수염처럼 덮은 덤불 아래
무화과 몇 알이 익어간다

한 철 지붕 덮을 듯
가지를 뻗으며
그림자를 키워오던 너

요즘 아이들이 단내 맡고
여기저기 콕콕 상처 내고 간다지

혼쭐 내주고 싶어
그물 하나 씌워두었더니,

밤새 들떠 있던 아이들
오히려 그물 속에 걸려들더군
자네 머릿속, 벌집이 된 셈이지

도와준다며 더 아프게 했구나
그물 걷으며
손끝에 닿는 열매,
어쩐지 내 속처럼 부드럽다

이젠 내가 너를 닮아가는 건지
자네가 나를 따라온 건지

손주가 온다네
이 무화과 몇 알, 따가도 되겠나
어차피 자네도,
나도,
그리 오래 두고 먹을 날은 없을 테니

## 눈물캠프

배낭과 이불짐 가득 들고
빠이빠이,
떠나버린 평범한 등원길

아이는 모르겠지…

엄마 없는 그 밤
긴긴 밤
눈물로 꼬박 지새울 것을

시간아, 어서 가자
엄마 마음이 더 급하다

울지 말자
울지 말자…

눈물 범벅, 콧물 범벅

아이 달래려다

나부터 울까봐

다짐 또 다짐


내려오는 버스 앞

고개를 떨군 아이


엄마가 보고 싶었구나…

우리 아들


발을 쿵쿵,

눈가 젖은 아이가 말한다


흥!

하룻밤 더 자고 싶었는데…

## 너 없이는

네가 좋아야
내가 작전의 소용돌이에 휘말리고

네가 좋아서
내 입꼬리가 저절로 올라가고

네 곁에 있어야
내 몸은 온기를 느끼고

너와 함께하는 시간이 있어야
아쉬움이 더 깊어지더라

떠오르는 모든 생각,
모든 감정들이

너 없이는
아무것도 할 수 없더라
정말, 아무것도

## 내 안의 숨결

나를 뚫고 올라온
수많은 날의 몸부림은
너를 품기 위한 것

너를 보고
내 안에 숨어 있던
씨앗 하나가 싹 텄다

잎을 피울 때도,
깊이 뿌리내릴 때도
나는 번번이 몸살을 앓았다

나를 키운 건
네가 아니라
너를 사랑하며 깨어난
내 안의 숨결

## 내 몸에 여름을 들이다

내 몸에
칸막이를 치고
여름 햇살을 들인다

땀범벅 바닷물처럼
두 뺨 위에서
해수가 증발한다

등 위로는
소금물이 쉬지 않고
뒤엎어지고, 또 뒤엎어진다

넓게 펼쳐진
내 몸은
소금밭

## 터걱거리는 하루

따각따각, 터덕—
머리는 띵, 귓속엔 삐이
고장난 내 턱

마우스피스, 보톡스
낯선 선택의 기로에 서서

미용이 아닌
통증 치료를 위한 결심

내가 권투선수도 아니고
이제 미용에 신경 쓸 나이인가

그래, 보톡스야

살 없는 얼굴은
더 없어 보일 수 있다는 의사의 말

마스크 안에서도
바보처럼 입을 벌리라는 말

수년간 앙다문 입,
그 긴장으로
턱을 괴롭혀온 내 인생

어깨에 힘을 빼고
생각도, 행동도
마음까지 나무늘보가 되어야겠다

습관이 표정이 될 때
나는 웃고 있을 테니까

## 쉿, 나만 아는 길

이슬방울 계단 삼아
연둣빛 잎 위를 꾸물꾸물
벌레들의 아침 만찬

유쾌히 노니는 나무숲에
겁 없이 날아든 참새들의 새날 인사

세월 바람에
제 몫을 다한 낙엽들 위에
내 발도 잠시 멈춘다

말랑한 길을 걷는 것,
핏발 선 소나무 뿌리를 밟는 것
모두 각자의 인생길

한 발 지근지근,
또 한 발 자근자근

통증과 시원함이 함께 오는 길도 있다


사람들은 각자 좋아하는 길을 걷고
누구도 찾지 않는
소나무의 고귀한 발등길


세족장 거친 물살에
낡은 과거의 하루를 씻는다


소나무 진액이 범벅된 발
내 발이 쇠똥구리가 된 날


그제야 알았다
나만 알고 싶은 이 좋은 길을
왜,
아무도 걷지 않는지

비밀은
말하라고 있는 법

여기
절대 맨발로 걷지 마세요

혹시,
나만 몰랐던 비밀인 건 아니겠지

## 기발한 재주꾼

광목천 위,
여튼 연필 스케치

노란 우산 하나
그 위로 핑크빛 구름
다섯 점 회색 빗방울 톡톡

알록달록 자수실
연필선을 곱게 따라
한 땀, 또 한 땀

뭉툭한 손으로
실을 꿰며 초집중
바늘 끝에 온 세상이 모인 듯

드디어 숙제 끝!

그런데… 이를 어쩌나
입고 있던 바지와
나란히 꿰매져 버린 자수 숙제

아들아, 잘했어
두 겹 꿰매기라니
숙제와 바지를 한 번에 완성한
넌 참 기발한 재주꾼

## 얼룩

앞집 아줌마는
늘 집에 계신 것 같았는데

창문에는
빗방울과 먼지로
얼룩이 자욱했다

'비 그치고
날 좋으면 닦겠지…'

창문을 열고
말하고 싶었다
"도와드릴까요?"

그런데
우리 집 창문을 여는 순간
앞집 창문이 반짝였다

알고 보니
얼룩덜룩했던 건
우리 집 창문이었던 거다

남의 창 얼룩만 안타까워하던
내 마음의 얼룩부터 닦자

## 하늘을 봐

황사 먼지가 노랗던 날,
비가 내리면
노란 우비를 입으면 되고

천둥번개로 찌익,
몸에 전기가 흐를 것 같아 겁이 난다면
과감하게 우산을 접으면 되지

소금쟁이처럼 물 위를 걷고 싶다면
흔들리는 그네에 앉아
물웅덩이에 발을 올리고
다다다다 걸어봐

비를 맞고 싶다면
두 눈 질끈 감고
하늘을 봐

사이다가 내 얼굴을 톡톡 쏘고
모래알이 내 얼굴 위에 차르르 떨어질 때
아파도 웃음이 날 테니까

## 구름 바다 위에서


어둠이 채 가시지 않은 산길
새벽을 일으켜 세우고

굽이굽이 오솔길 끝
그대와 함께라면

내 발걸음보다
심장 소리 먼저 앞서고
헉헉 숨소리 풀줄기 밧줄 삼아 걷는 길

그대가 선물한
어깨 위 안개 실크 스카프
풀꽃 향이 은은하게 코끝에 맺히는
우아한 새벽 산책

한 걸음, 두 걸음
스카프가 보들보들 풀리고

풀린 스카프로 내 눈을 가린 님
"내 손 놓지 말아요"

눈을 감으면
한 발짝 한 발짝
내 손과 발이 되고
그대가 이끄는 대로
내 마음도 함께한다

절벽 아래 펼쳐진 장관
구름이 바다처럼 넓게 깔린 운해
그 위에 걸터앉아
같은 곳을 바라본다

구름 위를 걷다 넘어져
얼굴을 묻고 조용히 웃어본다
손끝으로 구름 솜사탕 떼어

입에 넣어주고 싶은 그대

돌계단 밀어내며 함께 걸을 때
구름 사이 햇살이 금빛으로 반짝이고

산벚찌 열매 대롱대롱
이슬방울 눈에 들어갈까
벚찌 가지를 털어
똑똑 따주던 님

산새가 물고 간 벚찌 열매
우리 둘이 사이좋게 나눠 먹고

보랏빛 물든 입술
안개 스카프 끝에 살짝 닿으며
고마움을 속삭인다